school - ikigo c' amashure   2
travel - urugendo   5
transport - gutwara abantu n' ibintu   8
city - igisagara   10
landscape - imisozi   14
restaurant - resitora   17
supermarket - supermarshe   20
drinks - inyobwa   22
food - infungugwa   23
farm - ubwororero   27
house - inzu   31
living room - isaro   33
kitchen - igikoni   35
bathroom - ubwogero   38
child's room - icumba c' umwana   42
clothing - impuzu   44
office - ibiro   49
economy - ubutunzi   51
occupations - imirimo   53
tools - ibikoresho vy' ubwubatsi   56
musical instruments - ivyuma vyo gucuraranga   57
zoo - iratiro ry' ibikoko   59
sports - siporo   62
activities - imirimo   63
family - umuryango   67
body - umubiri   68
hospital - ibitaro   72
emergency - irijanse   76
Earth - isi   77
clock - isaha   79
week - indwi   80
year - umwaka   81
shapes - forume geometrike   83
colours - amabara   84
opposites - ikinyurane   85
numbers - ibiharuro   88
languages - indimi   90
who / what / how - inde / iki / gute   91
where - hehe?   92

Impressum
Verlag: BABADADA GmbH, Nedderfeld 112 , 22529 Hamburg
Geschäftsführer / Verlagsleitung: Harald Hof
Druck: Books on Demand GmbH, In de Tarpen 42, 22848 Norderstedt

Imprint
Publisher: BABADADA GmbH, Nedderfeld 112 , 22529 Hamburg, Germany
Managing Director / Publishing direction: Harald Hof
Print: Books on Demand GmbH, In de Tarpen 42, 22848 Norderstedt

school

ikigo c' amashure

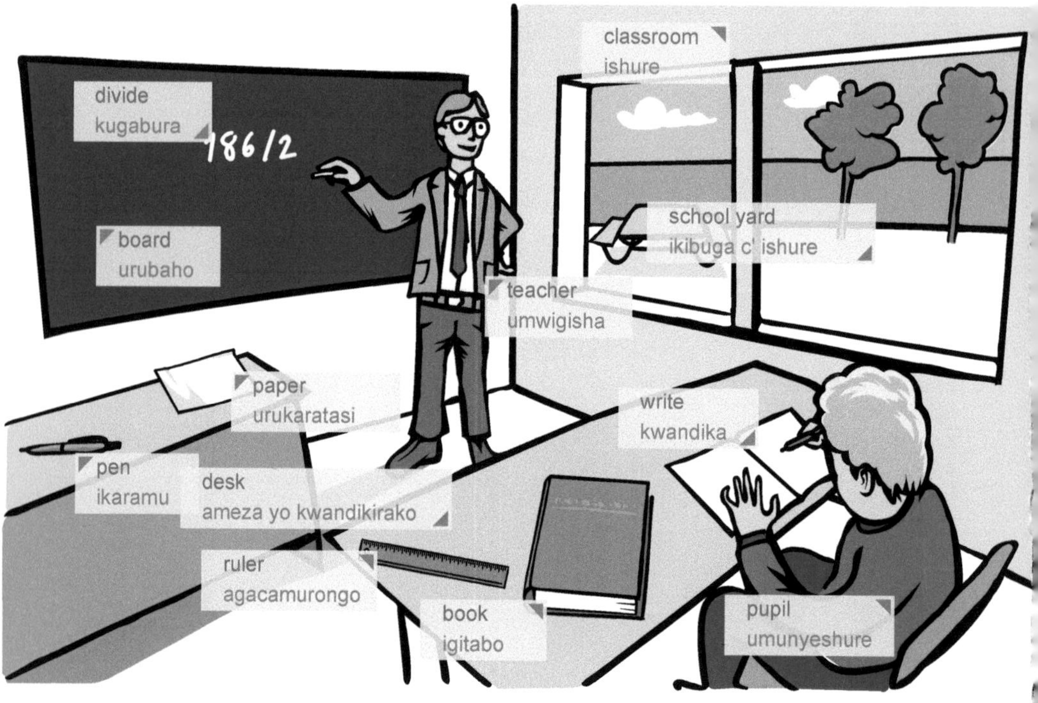

classroom
ishure
divide
kugabura
186/2
board
urubaho
school yard
ikibuga c' ishure
teacher
umwigisha
paper
urukaratasi
write
kwandika
pen
ikaramu
desk
ameza yo kwandikirako
ruler
agacamurongo
book
igitabo
pupil
umunyeshure

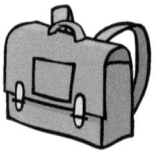

satchel

isakoshi y'' ishure

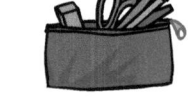

pencil case

agasaho k' amakaramu

pencil

ikaramu y igiti

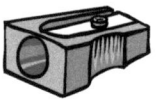

pencil sharpener

agasongozo k ikaramu y igiti

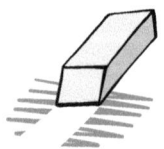

rubber

igome

drawing pad

ikaye yo gucapamwo

drawing

igicapo

paintbrush

ikaramu bacapisha irangi

paint box

agasandugu kamabara

scissors

imikasi

glue

kore

exercise book

ikaye y' imyimenyerezo

homework

imyimenyerezo yo muhira

number

igiharuro

add

guteranya

subtract

gukuramwo

multiply

kugwiza

calculate

guharura

letter

urudome

alphabet

indome

word

ijambo

text

igisomwa

read

gusoma

chalk

ingwa

lesson

icigwa

register

igitabo c' ishure

exam

ikibazo

certificate

impamyabushobozi

school uniform

impuzu y' ishure

education

kwiga

encyclopedia

kazinduzi

university

kaminuza

microscope

mikorosikopi

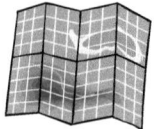

map

ikarata

waste-paper basket

agaseke bajugunyamo
amakaratasi

travel
urugendo

hotel
ihoteli
Grand
hostel
ihoteli ntoya
bureau de change
ku bavunjayi
car
umuduga

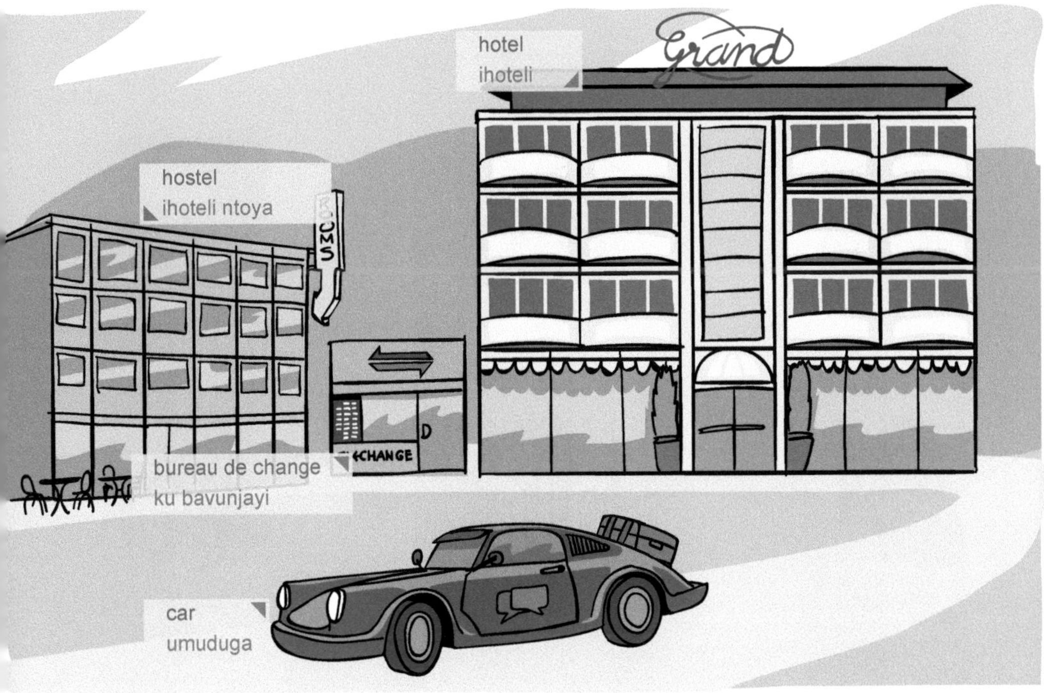

language

ururimi

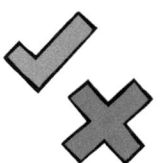

yes / no

ego / oya

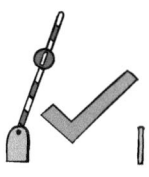

Okay

ego

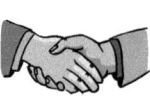

hello

amahoro!

translator

umuntu asigura

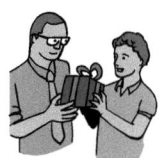

Thank you

ndashimye

how much is...?

ni angahe?

I do not understand

sindabitahura

problem

ingorane

Good evening!

mwiriwe!

Good morning!

mwaramutse

Good night!

ijoro ryiza!

bye bye

nakagaruka

direction

inzira

luggage

imizigo

bag

igapo

backpack

isaho baheka mu mugongo

guest

umushitsi

room

icumba

sleeping bag

umufuko wo kuraramo mu rugendo

tent

ihema

tourist information

kumenyesha ingenzi

beach

ku musenyi

credit card

ikarata y' amahera

breakfast

ifunguro rya mugatondo

lunch

ifunguro ryo ku murango

dinner

ifunguro ry 'ijoro

ticket

itike

lift

ingazi y' umuyagankuba

stamp

umukono

border

umupaka

customs

duwane

embassy

ubuserukizi bw' igihugu

visa

viza

passport

pasiporo

transport

gutwara abantu n' ibintu

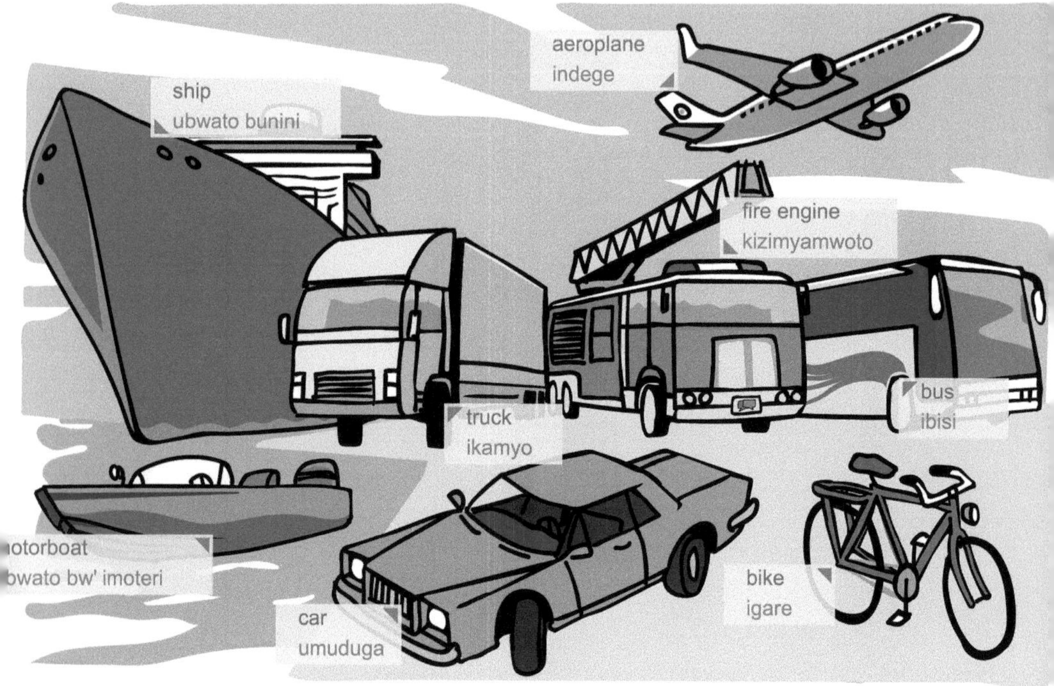

aeroplane
indege
ship
ubwato bunini
fire engine
kizimyamwoto
bus
ibisi
truck
ikamyo
otorboat
bwato bw' imoteri
bike
igare
car
umuduga

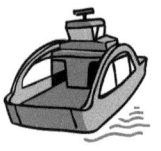

ferry
....
ubwato bunini

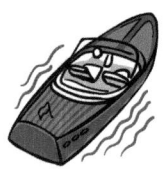

boat
....
ubwato

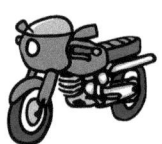

motorbike
....
ipikipiki

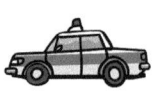

police car
....
umuduga w' igipolisi

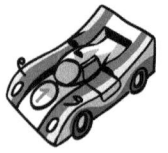

racing car
....
umuduga wa kuruse

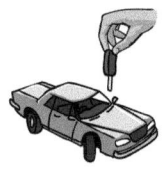

rental car
....
umuduga bakodesha

car sharing

gukoresha imodoka imwe
muri benshi

breakdown truck

uruduga ruheka izindi

refuse truck

umuduga utwara umucafu

motor

imoteri

fuel

igitoro

petrol station

ubunywero bw'ibitoro

traffic sign

ibirango vyo ku mabarabara

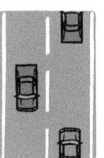

traffic

uruja n' uruza

traffic jam

akajagari k' imiduga mw'
ibarabara

car park

igituro c' imiduga

train station

igituro ca gari ya moshi

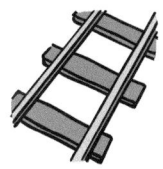

tracks

ibarabara rya gari ya moshi

train

gari ya moshi

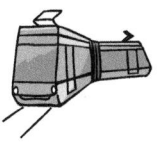

tram

gari ya moshi bita tram

carriage

igipande ca gari ya moshi

helicopter

kajugujugu

airport

ikibuga c' indege

tower

umunara

passenger

ingenzi

container

konteneri

carton

ikarato

cart

isharete

basket

icibo

take off / land

kuguruka / kugwa

city

igisagara

village

umutumba

city centre

hagati mu gisagara

house

inzu

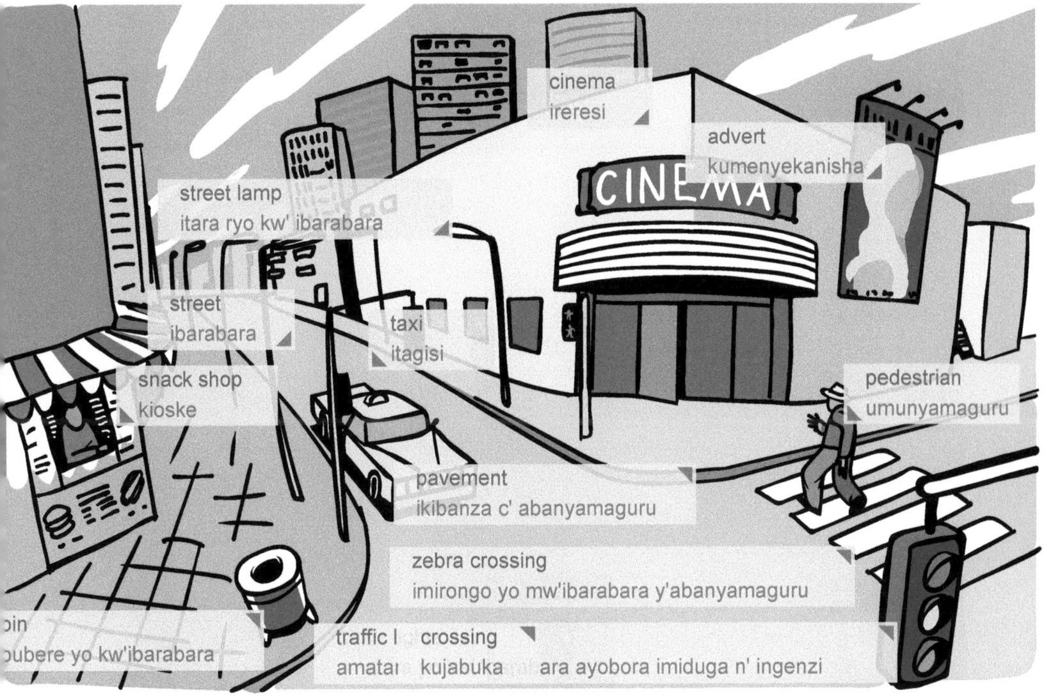

hut
akazu k' ikirundi

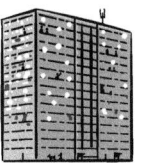

flat
aparitema

train station
igituro ca gari ya moshi

town hall
meri

museum
iratiro ry' ivyakera

school
ikigo c' amashure

city - igisagara

university

kaminuza

bank

ibanki

hospital

ibitaro

hotel

ihoteli

pharmacy

farumasi

office

ibiro

book shop

aho badandaza ibitabo

shop

akaduka

florist's

umudandaza w'amashugwe

supermarket

supermarshe

market

isoko

department store

iduka

fishmonger's

umudandaza w' amafi

shopping centre

ihuriro ry'amaduka

harbour

ikivuko

park

ikibanza batemberamwo

bench

intebe ndende

bridge

ikiraro

stairs

ingazi

underground

gari ya moshi bita métro

tunnel

ibarara ry' indani y' isi

bus stop

igituro c' amabisi

bar

ubunywero

restaurant

resitora

postbox

ahaja amakete

street sign

ikirango co kw' ibarabara

parking meter

isaha yo ku gituro c' imiduga

zoo

iratiro ry' ibikoko

swimming pool

pisine

mosque

umusigiti

farm

ubwororero

pollution

konona ibidukikije

graveyard

akaburi

church

kw'isengero

playground

ikibuga

temple

inyubako za kera bita temple

landscape

imisozi

signpost
ivyapa

way
inzira

meadow
ubwatsi bita gazon

stone
ibuye

tree
igiti

hiker
umuntu atembera kure n' amaguru

river
uruzi

grass
ubwatsi

flower
ishugwe

valley

ikiyaya

hill

umusozi

lake

ikiyaga

forest

ishamba

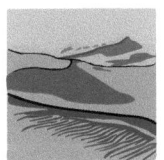

desert

ubugaragwa

volcano

ikirunga

castle

ishato

rainbow

umunywamazi

mushroom

ikizinu

palm tree

ikigazi

mosquito

umubu

fly

isazi

ant

urutozi

bee

uruyuki

spider

igitangurigwa

beetle

agakoko gato bita
coléoptère

frog

igikere

squirrel

agakoko bita écureuil

hedgehog

ikinyogote

hare

urukwavu

owl

igihuna

bird

inyoni

swan

imbata

boar

ingurube y' ishamba

deer

idubu

moose

igikoko bita élan

dam

urugomero

wind turbine

icuma gitanga
umuyagankuba

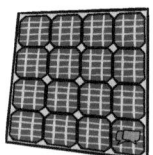

solar panel

ikimuri c' imishwarara

climate

igihe

restaurant
resitora

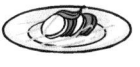

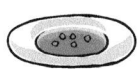

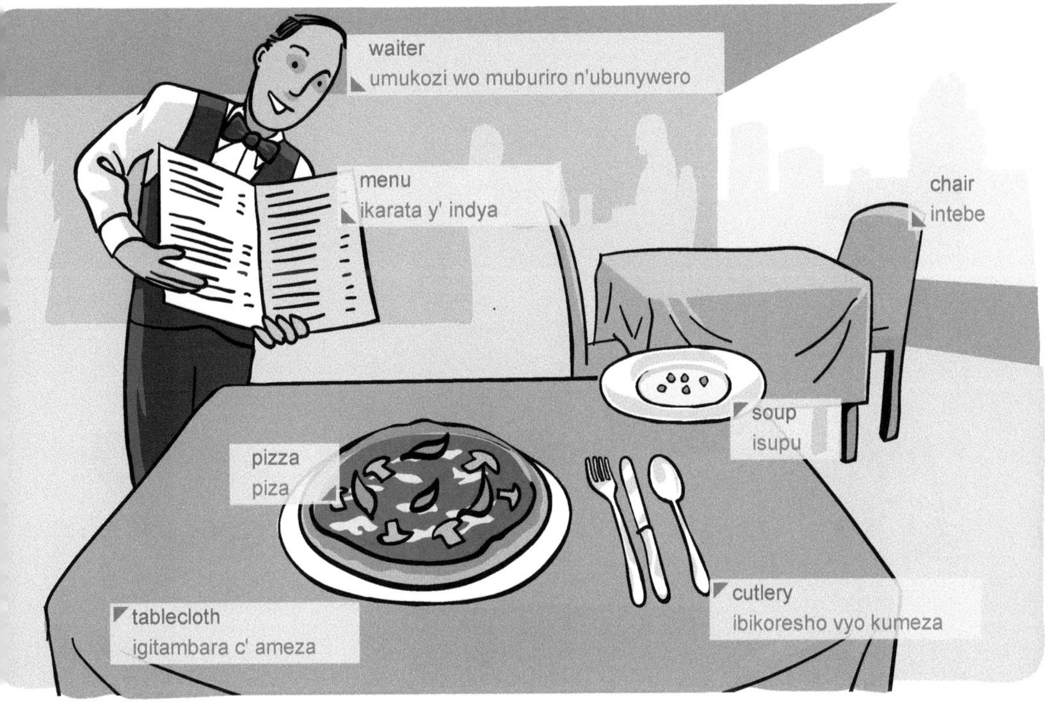
waiter
umukozi wo muburiro n'ubunywero
menu
ikarata y' indya
chair
intebe
soup
isupu
pizza
piza
cutlery
ibikoresho vyo kumeza
tablecloth
igitambara c' ameza

starter

indya y' ibanze

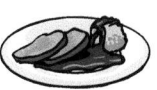

main course

indya nkuru

dessert

deseri

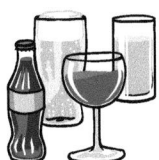

drinks

inyobwa

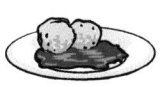

food

infungugwa

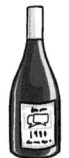

bottle

icupa

fast food

infungugwa batekanye ingoga

street food

Infungugwa barya bagenda

teapot

ibirika y' icayi

sugar bowl

agakopo k' isukari

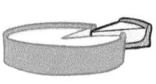

portion

igipande c' indya

espresso machine

imachini ikora espresso

high chair

intebe ndende

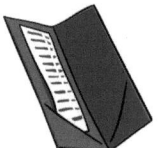

bill

inyemazabuguzi

tray

ako batwarako infungugwa

knife

imbugita yo kumeza

fork

ikanya

spoon

ikiyiko

teaspoon

akayiko k' icayi

serviette

seriviyeti

glass

ikirahuri

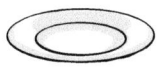

plate

isahani

soup plate

isahani y' isupu

saucer

isutasi

sauce

isosi

salt pot

akanyanyagiza umunyu ku ndya

pepper mill

agasya ipiripiri

vinegar

vinaigre

oil

amavuta

spices

indyoshandya

ketchup

kecapu

mustard

mutaride

mayonnaise

mayoneze

supermarket
supermarshe

special offer
ivyagabanyijwe igiciro
customer
umuguzi
dairy
ibiva ku mata
fruit
icamwa
trolley
agakinga ko mw' iduka
FOR

BUTCHERS

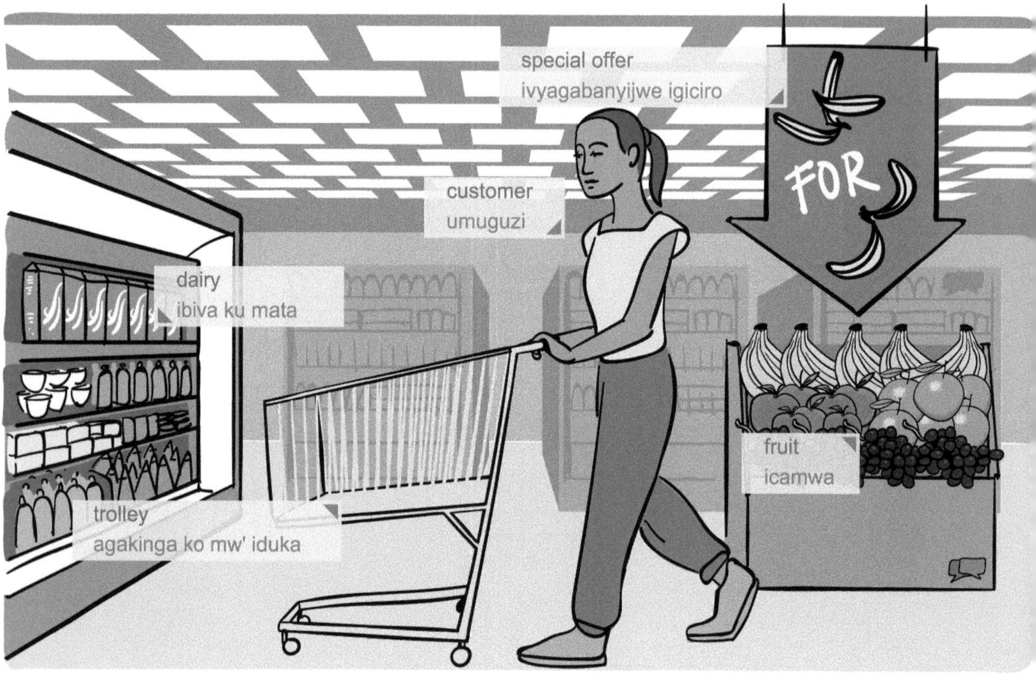

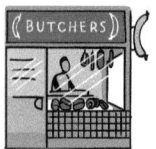

butcher´s

amacuniro

BAKERY

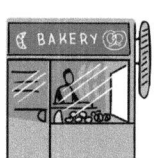

baker´s

iburangeri

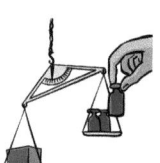

weigh

gupima

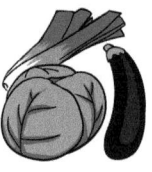

vegetables

imboga

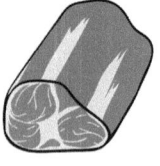

meat

inyama

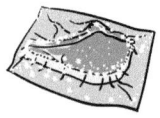

frozen food

Imfungurwa zikanye cane

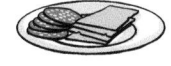

cold meat

infungugwa bita charcuterie en tranches

tinned food

amafunguro yo mu mabwate

washing powder

isabune yo kumesura

sweets

ibisosa

household products

ibikoresho vyo muhira

cleaning products

ibikoresho vy'isuku

salesperson

umudandaza

till

kese

cashier

umuntu yakira amahera

shopping list

urutonde rw' ibidandazwa

opening hours

amasaha yo kugurura

wallet

ingodomoni

credit card

ikarata y' amahera

bag

isakoshe

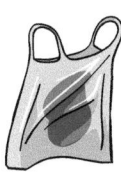

plastic bag

ishakoshe ya parastike

water

amazi

juice

umutobe

milk

amata

coke

koka

wine

umuvinyo

beer

ikiyeri

alcohol

inzoga

cocoa

kakao

tea

icayi

coffee

ikawa

espresso

ikawa yitwa espresso

cappuccino

ikawa yitwa kapucino

banana

umuhwi

apple

ipome

orange

umucungwe

melon

icamwa bita melon

lemon

indimu

carrot

ikaroti

garlic

igitungurusumu

bamboo

umugano

onion

igitunguru

mushroom

ikizinu

nuts

ibiyoba

noodles

amakaroni

spaghetti

spagetti

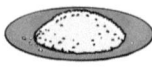

rice

umuceri

salad

isarade

chips

ifiriti

fried potatoes

ifiriti

pizza

piza

hamburger

hamburugere

sandwich

sandwich

cutlet

infungugwa bita escalope

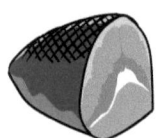

ham

jambo

salami

salami

sausage

isosiso

chicken

inyama y' inkoko

roast

umusoso

fish

ifi

porridge oats

infungugwa bita flocons d' avoine

muesli

imfungugwa bita müsli

cornflakes

infungugwa bita corn - flakes

flour

ifarini

croissant

umukate bita croissant

bread roll

umukate muto

bread

umukate

toast

umukate bashusha

biscuits

ibisuguti

butter

amavuta

curd

iforomaji yera

cake

igato

egg

irigi

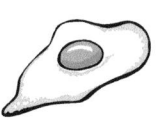

fried egg

amafunguro bita oeuf au plat

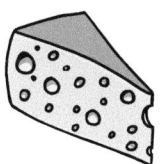

cheese

iformaji

ice cream

infungugwa bita crème glacée

sugar

isukari

honey

ubuki

jam

ikonfitire

chocolate spread

imfungugwa bita praliné

curry

infungugwa bita curry

farm
ubwororero

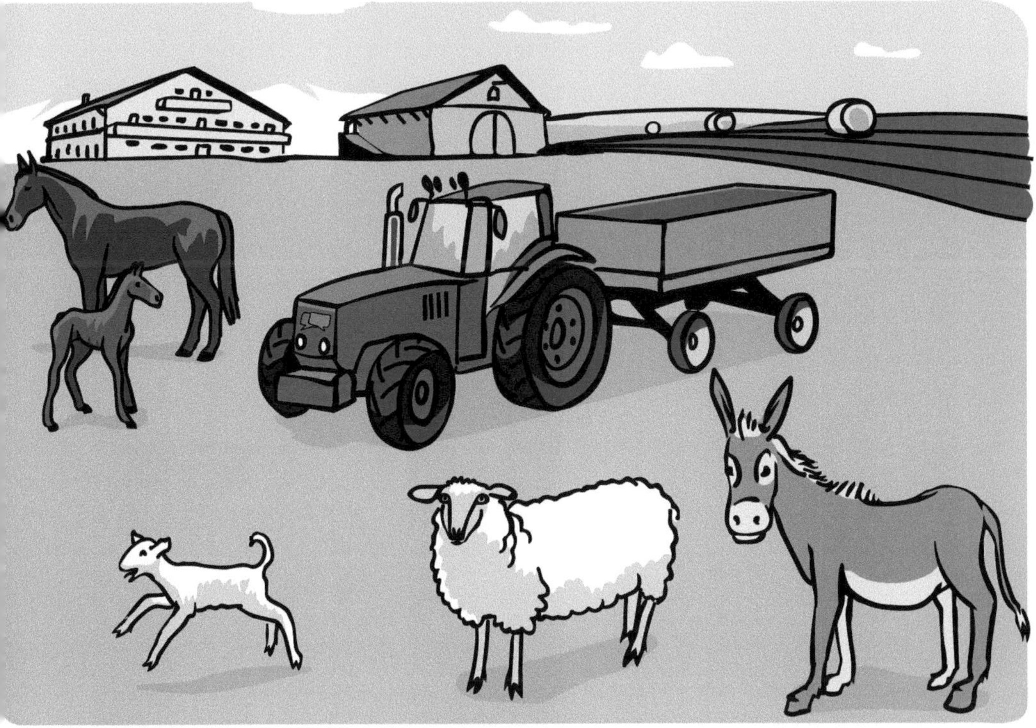

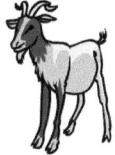

goat

impene

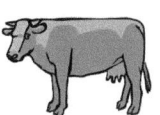

cow

inka

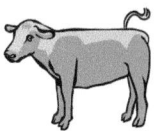

calf

inyana

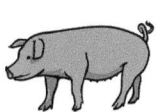

pig

ingurube

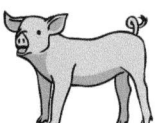

piglet

ikibuguru

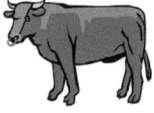

bull

impfizi

goose

inyoni yitwa oie

duck

imbata

chick

umuswi

hen

inkokokazi

cock

isake

rat

imbeba nini

cat

akayabu

mouse

imbeba

ox

ishuri

dog

imbwa

doghouse

umusaka w'imbwa

garden hose

umuringoti wo kuvomerera umurima

watering can

ico bakoresha basukira amashurwe

scythe

urukero

plough

majagu

sickle

umuhoro

hoe

isuka

pitchfork

ikinyanyagiza ibitabizo irya n'ino

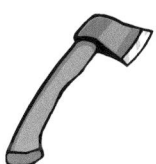

axe

ishoka

wheelbarrow

inkorofani

trough

ubwato

milk can

icansi

sack

umufuko

fence

urugo

stable

indaro y' ibitungwa

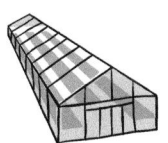

greenhouse

utuzu bashusha kugirango ibimera birimwo bikure

soil

isi

seed

imbuto

fertilizer

ifumbire

combine harvester

imashini yimbura

harvest

kwimbura

harvest

umwimbu

yams

infungugwa bita igname

wheat

ingano

soy

isoya

potato

ikiraya

corn

ikigori

rapeseed

ubwoko bw' ingano bita
colza

fruit tree

igiti c' ivyamwa

cassava

imyumbati

cereals

ibinyantete

house

inzu

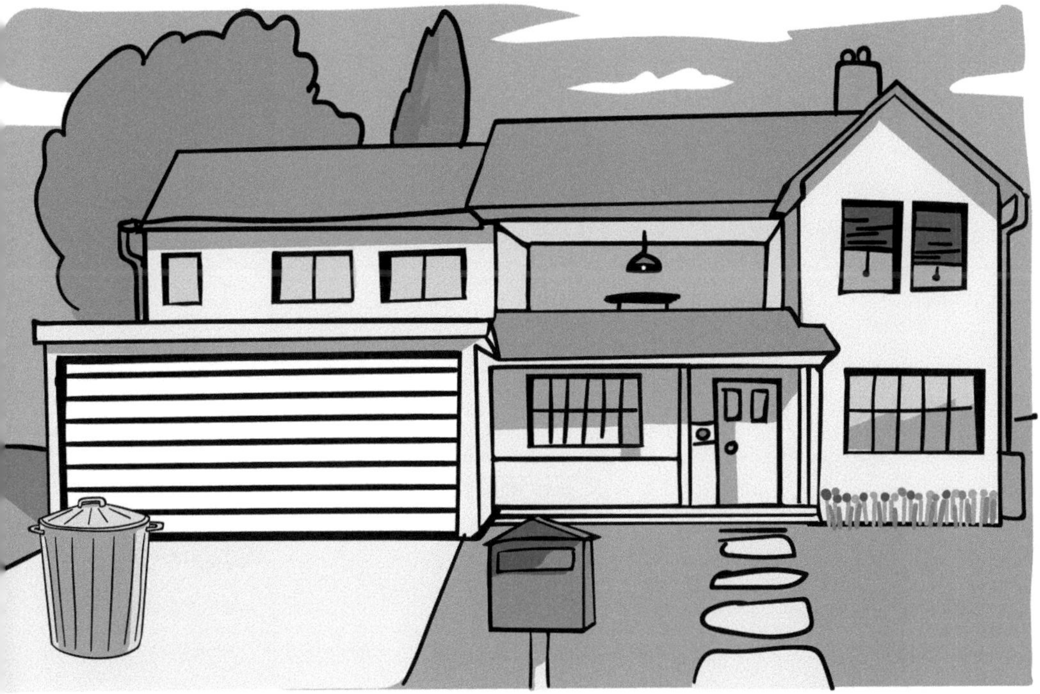

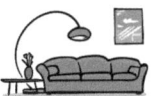

living room

isaro

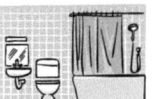

bathroom

ubwogero

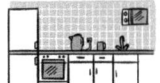

kitchen

igikoni

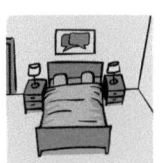

bedroom

icumba co kuraramo

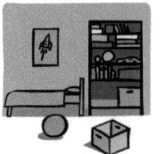

child's room

icumba c' umwana

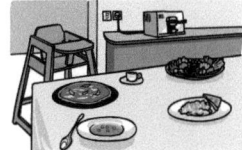

dining room

uburiro

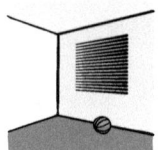

floor

hasi

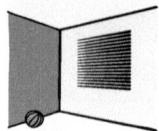

wall

uruhome

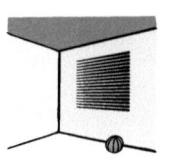

ceiling

igisenge c' inzu

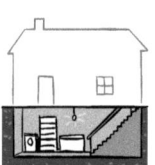

cellar

kave

sauna

sauna

balcony

ibaraza

terrace

ibaraza

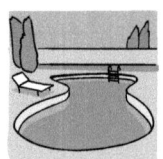

pool

aho bogera

lawn mower

itondezi

sheet

igikaratasi

bedspread

uburengeti

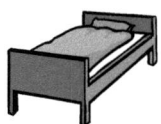

bed

uburiri

broom

umweyerezo

bucket

indobo

switch

akabuto

living room

isaro

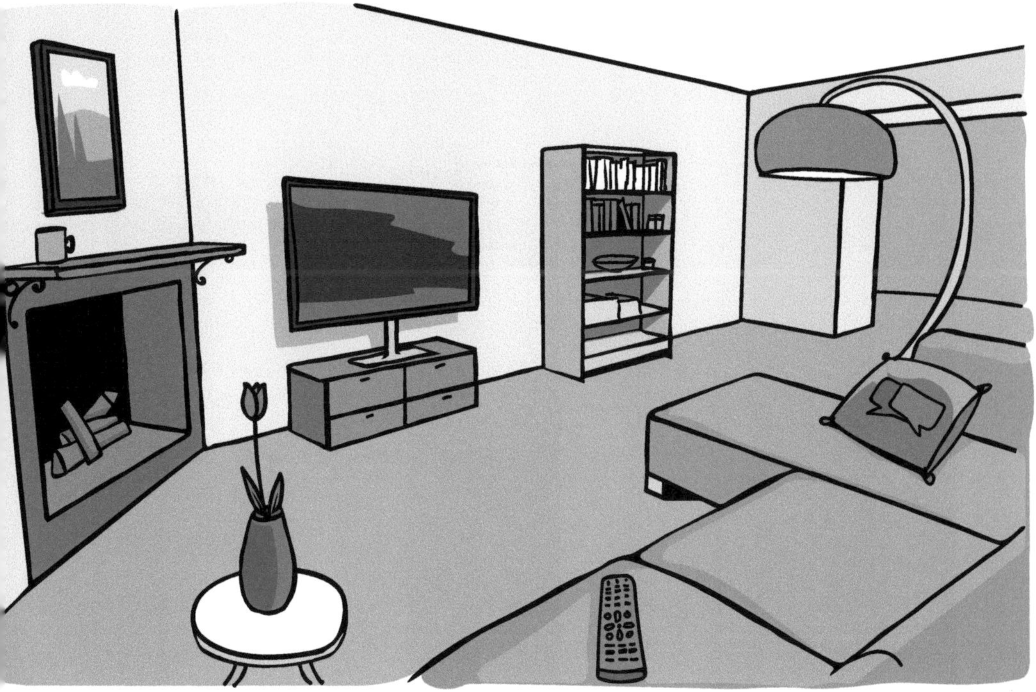

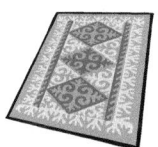

carpet

itapi

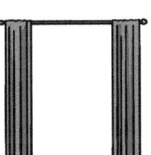

curtain

irido

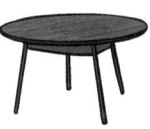

table

ameza

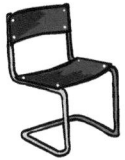

chair

intebe

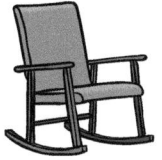

rocking chair

intebe icundera

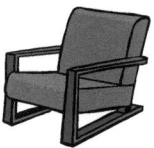

armchair

ifoteyi

book

igitabo

blanket

ikirengeti

decoration

ibitako

firewood

inkwi

film

ireresi

hi-fi equipment

ivyuma vy' umuziki

key

urufunguruzo

newspaper

ikinyamakuru

painting

gusiga amarangi

poster

isanamu nini

radio

insamirizi

notepad

ikaye ndangaminsi

hoover

asipirateri

cactus

icimera bita cactus

candle

ibuji

kitchen
igikoni

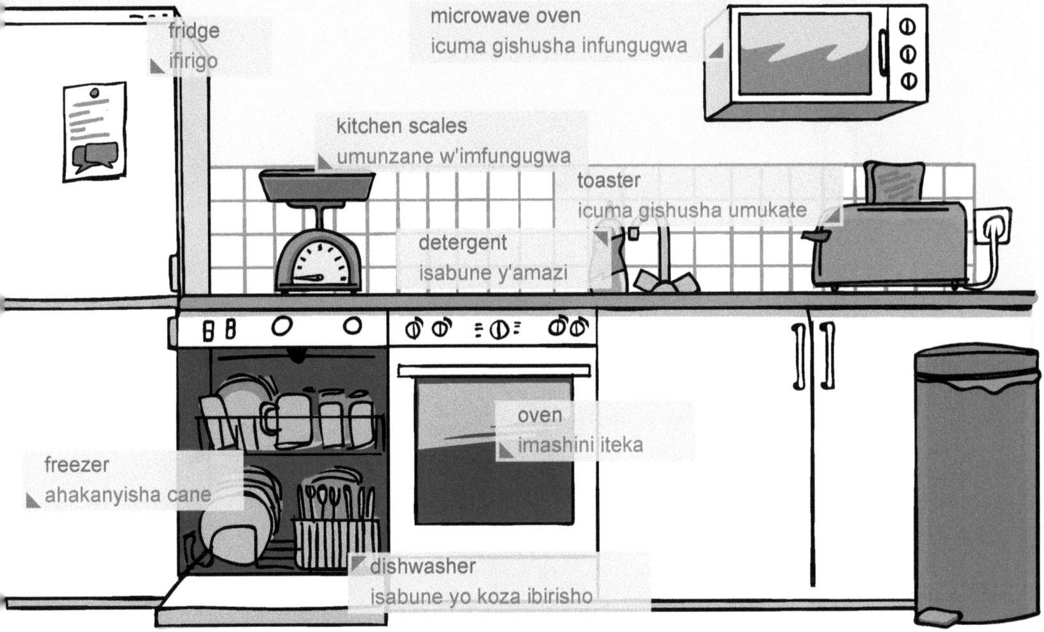

fridge
ifirigo
microwave oven
icuma gishusha infungugwa
kitchen scales
umunzane w'imfungugwa
toaster
icuma gishusha umukate
detergent
isabune y'amazi
oven
imashini iteka
freezer
ahakanyisha cane
dishwasher
isabune yo koza ibirisho

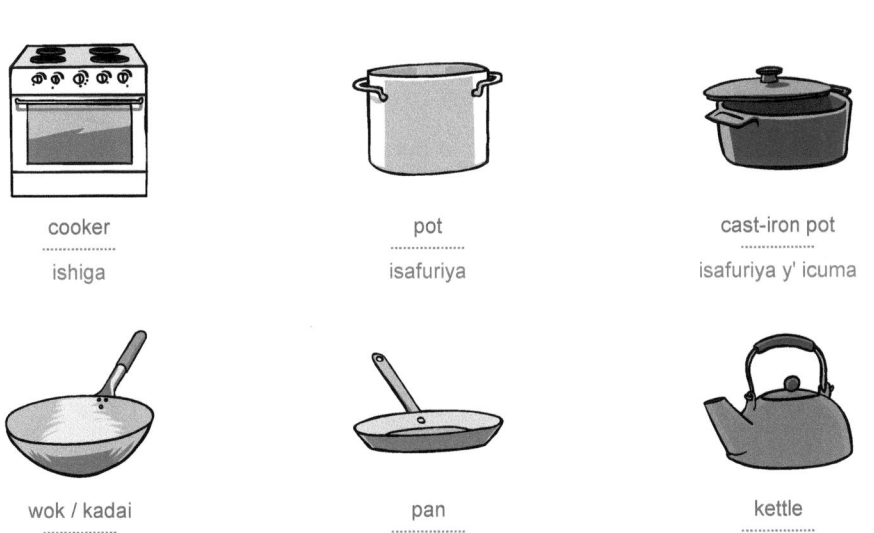

cooker
ishiga

pot
isafuriya

cast-iron pot
isafuriya y' icuma

wok / kadai
ipanu bita wok

pan
ipanu

kettle
akuma gashusha amazi

steamer

isafuriya itekesha umuhisha

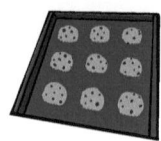

baking tray

ico bakorerako imikate

crockery

ibirisho

mug

igikombe

bowl

ibakure

chopsticks

uduti two kurisha

ladle

icaruzo c' isupu

spatula

ikimamiro

whisk

agakubitisho

strainer

imashini isya ibifungurwa

sieve

akayunguruzo

grater

agakatakata imfungugwa

mortar

agasekuro

barbecue

icokerezo

open fire

urucaniro

chopping board

urubaho rwo gukatirako

rolling pin

akabaho bakoresha spageti

corkscrew

urupfunguzo rw'umuvinyu

can

agasandugu

can opener

urupfunguzo rw'agasandugu

pot holder

ivyo gufatisha isafuriya ishushe

sink

icogerezo

brush

uburoso

sponge

ivyogesho

blender

imigiseri

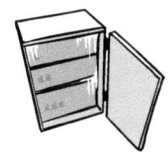

deep freezer

frigo nini ikanyisha cane

baby bottle

bibero

tap

ivomo

bathroom
ubwogero

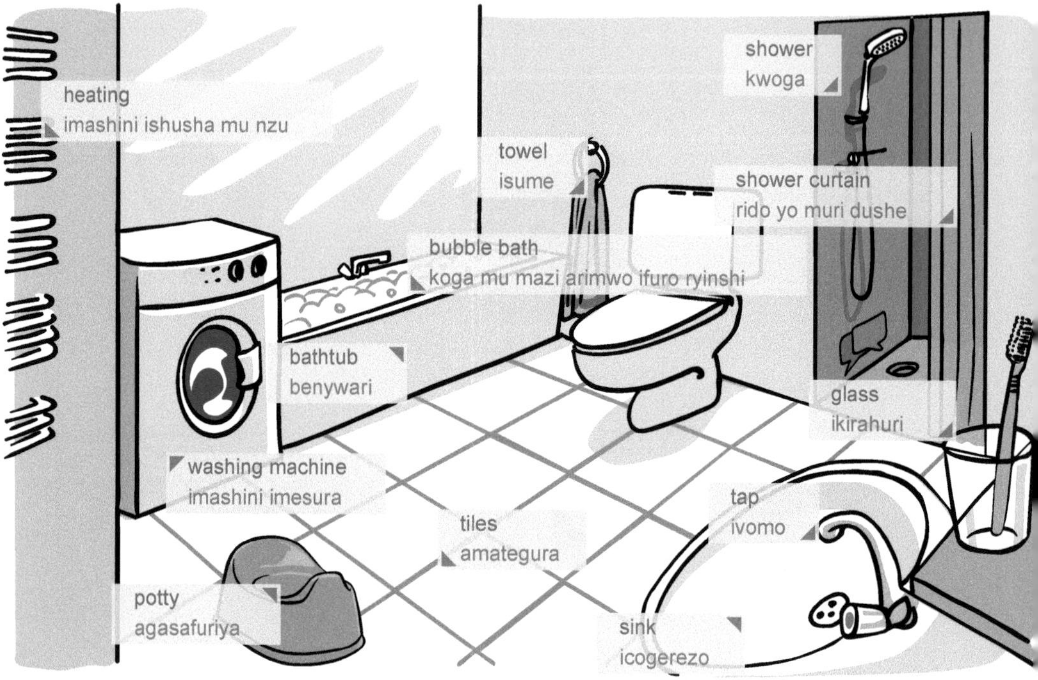
heating
imashini ishusha mu nzu
shower
kwoga
towel
isume
shower curtain
rido yo muri dushe
bubble bath
koga mu mazi arimwo ifuro ryinshi
bathtub
benywari
glass
ikirahuri
washing machine
imashini imesura
tap
ivomo
tiles
amategura
potty
agasafuriya
sink
icogerezo

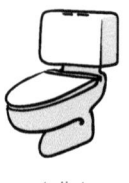

toilet

Akazu ka surwumwe

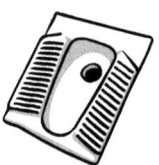

squat toilet

akazu ka surwumwe k'ikirundi

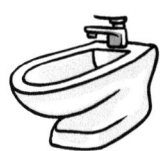

bidet

akantu gatoya bogeraho

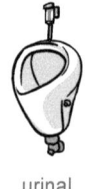

urinal

aho basoba

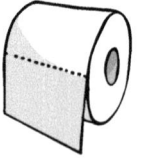

toilet paper

ibikaratase vyo kwi sukuza mu nzu ya surwumwe

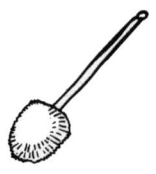

toilet brush

uburoso bwoza akazu ka surwumwe

toothbrush

umujigiti

toothpaste

umuti wo koza amenyo

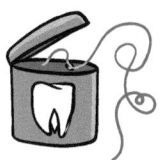

dental floss

utugozi two gusukura
amenyo

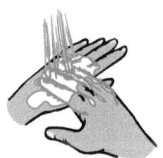

wash

koza

handheld shower

ikinyuko

douche

ubwoko bwa dushe

basin

ico bakarabiramo intoki

back brush

uburoso busukura mu
mugongo

soap

isabune

shower gel

isabuni yo kwoga

shampoo

shampo

flannel

agatambara ko kwisukura

drain

umuringoti

cream

amavuta yo kwisiga

deodorant

iparufe yo mu kwaha

mirror

icirore

hand mirror

icirore

razor

imashini imwa ubwanwa

shaving foam

ifuro ryo kumwa ubwanwa

aftershave

umuti basiga aho bamoye

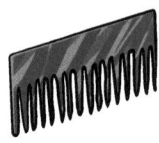

comb

igisokozo

brush

uburoso

hair dryer

akuma kumutsa umushatsi

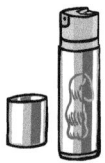

hairspray

amavuta bapuriza mu
mushatsi

makeup

ibikoresho vyo kwipodora

lipstick

amavuta afise ibara yo
k'umunywa

nail varnish

verni y'inzara

cotton wool

ipampa

nail scissors

umukasi uca inzara

perfume

iparufe

washbag

agasaho k' ivyo kwisukura
ku rugendo

stool

agatebe

weighing scale

umunzane

bathrobe

penywari

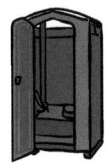

rubber gloves

udufuko tw' intoke iyo
bakora isuku

tampon

kotegisi

sanitary towel

kotegisi

chemical toilet

ubwoko bw'akazu ka
surwumwe

child's room

icumba c' umwana

alarm clock
isaha ivyura
cuddly toy
agakoko k' agapupe
toy car
ikijuwe c' umuduga
rattle
ikijuwe c' ibibondo bita hochet
doll's house
inzu badandaza amapupe
present
akaganuke

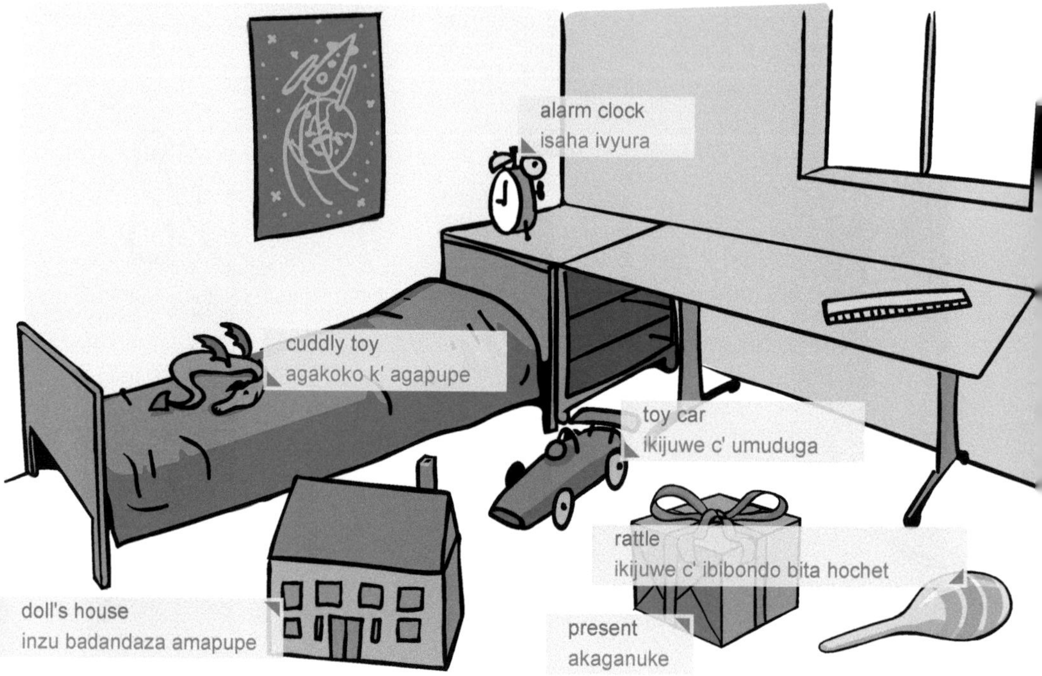

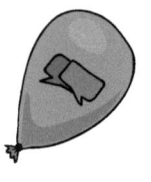

balloon

igipurizo

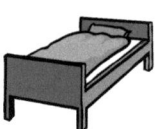

bed

uburiri

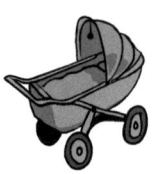

pram

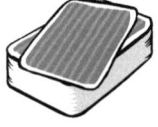

deck of cards

urukino rw' ikarata

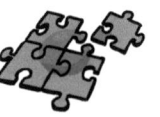

jigsaw

urukino bita puzile

SUPER
MEGA

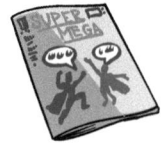

comic

ibitabo vy' amashusho

lego bricks

urukino bita lego

building blocks

ibijuwe vyo kubaka

action figure

ipupe

babygrow

impuzu yo kurarana y abana

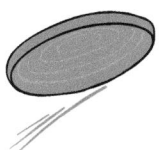

frisbee

urukino bita frisbi

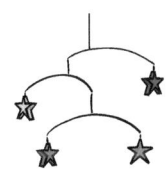

mobile

udukinisho two ku buriri bw' ibibondo

board game

urukino rwo kumeza

dice

agakinisho bita de

model train set

gari ya moshi z' ibikinisho

dummy

madanganya

party

umunsi mukuru

picture book

igitabo c' ibicapo

ball

umupira

doll

igipupe

play

gukina

sandpit

umusenyi abana
bakiniramwo

swing

uruvuma

toys

ikijuwe

video game console

urukino nyabwonko

tricycle

ikinga ry'amapine atatu

teddy bear

igikoko bita ours c 'ikijuwe

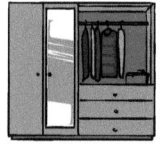

wardrobe

akabati k' impuzu

clothing

impuzu

socks

amashesheti

stockings

amashesheti maremare

tights

ubwoko bw'impuzu zifata
kandi zigaruka cane

scarf
furari

umbrella
umwumvuri

belt
umusipi

t-shirt
agapira kadafise amabok

boots
ibirato biduga kumurundi

trainers
ibirato vya tenis

slippers
ibirato vyo mu nzu

sandals	shoes	rubber boots
isandari	ibirato	ingamiya
underpants	bra	vest
imwesho	isutiye	isengeri

body

impuzu z' imbere

trousers

ipantaro

jeans

ijinisi

skirt

ijipo

blouse

agashati koroshe kabagore

shirt

ishati

pullover

umupira w' imbeho

hoodie

umupira w'imbeho ufise
inkofero

blazer

blazeri

jacket

ikoti

coat

ikoti rirerire

raincoat

ikoti y'imvura

costume

kositime

dress

ikanzu

wedding dress

ikazu y'umugeni

suit

kositime

nightgown

ikanzu yo kurarana

pyjamas

impuzu z' ijoro

sari

imvutano z'abahindi

headscarf

igitambara co mu mutwe

turban

igitambara co mu mutwe
bita turban

burqa

impuzu z' abasiramukazi

kaftan

ikanzu bita kaftan

abaya

impuzu y' abasiramu

swimsuit

impuzu yo kogana

trunks

impuzu yo kwogana
y'abagabo

shorts

imwesho

tracksuit

itereningi

apron

itaburiya

gloves

udufuko tw' intoke

button
igifungo

glasses
amarori

bracelet
igikomo

necklace
akadede

ring
impeta

earring
ihereni

cap
inkofero

coat hanger
porutemanto

hat
inkofero

tie
karavate

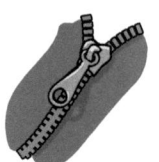

zip
imashini

helmet
inkofero yo kwikingira

braces
imisipi

school uniform
impuzu y' ishure

uniform
umwambaro rusangi
w'ahantu

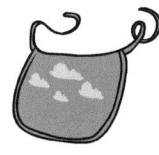

bib

utwo bambika ibibondo iyo birya

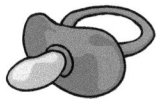

dummy

madanganya

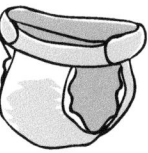

nappy

iranje

office
ibiro

server
seriveri
filing cabinet
akabati k' ivyangombwa
paper
urukaratasi
printer
empirimante
monitor
ekra
desk
ameza yo kwandikirako
mouse
suri
folder
ico bashiramwo ivyangombwa
keyboard
karaviye
aste-paper basket
aseke bajugunyamo amakaratasi
chair
intebe
computer
nyabwonko

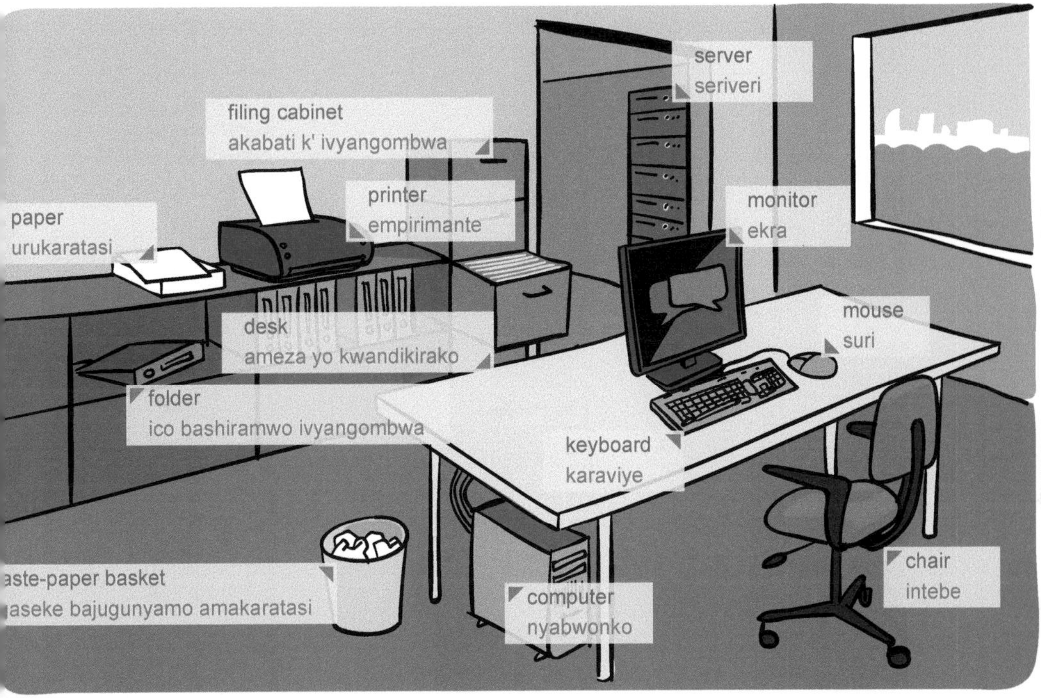

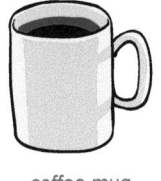

coffee mug

igikombe c' ikawa

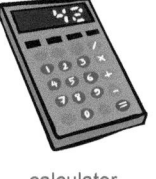

calculator

imashini iharura

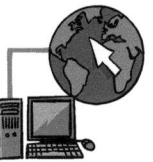

internet

ubuhinga ngurukanabumenyi

laptop

inyabwonko ngendanwa

letter

ikete

message

ubutumwa

mobile

telefoni ngendanwa

network

rezo

photocopier

fotokopiyeze

software

rojisiyeri

telephone

telefoni

plug socket

purize

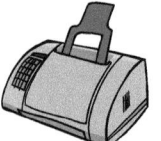

fax machine

fagisi

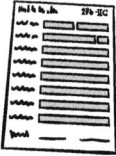

form

urukaratasi rwo kuzuza

document

icangombwa

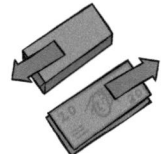

buy

kugura

pay

kuriha

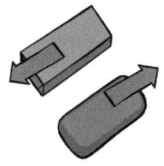

trade

kudandaza

money

amahera

dollar

idorari

euro

iyero

yen

iyene

rouble

amahera y' abarusiya

Swiss franc

amahera y' abasuwisi

renminbi yuan

amahera bita renmimbi yuan

rupee

amahera bita rupi

cashpoint

icuma gitanga amahera

bureau de change

ku bavunjayi

gold

inzahabu

silver

umujumbu

oil

ipeteroli

energy

inguvu

price

ikiguzi

contract

amasezerano

tax

amakori

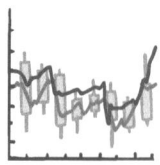

stock

igice

work

gukora

employee

umukozi

employer

umukoresha

factory

ihinguriro

shop

akaduka

occupations
imirimo

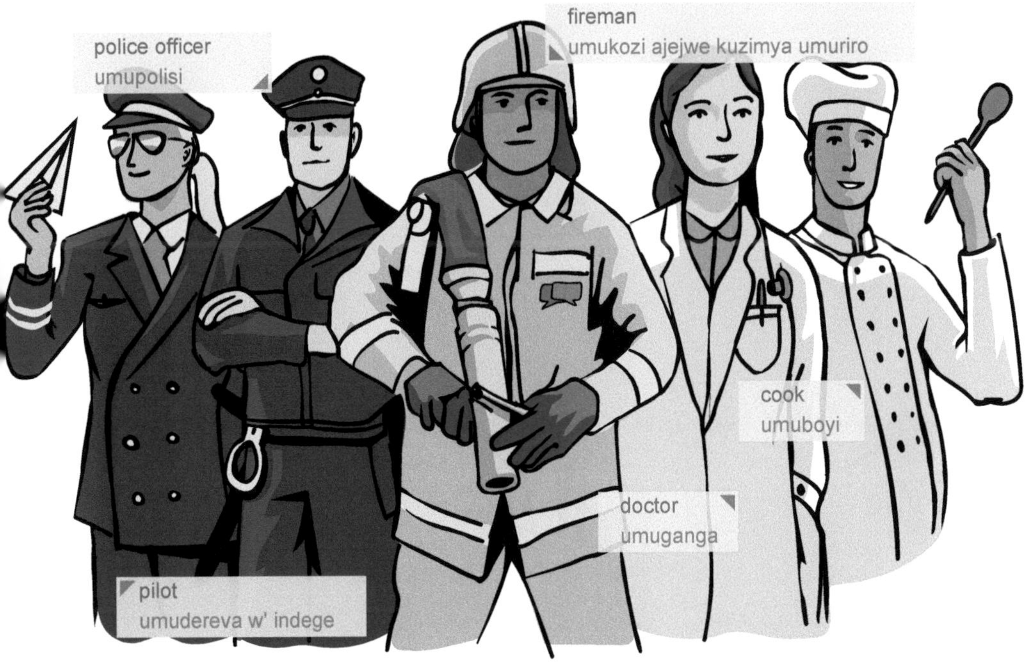
police officer
umupolisi
fireman
umukozi ajejwe kuzimya umuriro
cook
umuboyi
doctor
umuganga
pilot
umudereva w' indege

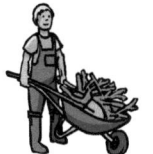

gardener
umukozi akora murikarima

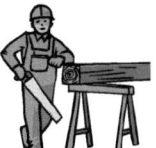

carpenter
umubaji

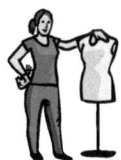

seamstress
umushonyi

judge
umucamanza

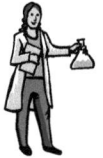

chemist
umuhinga mu vya chimie

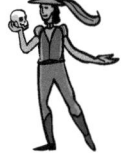

actor
umukinyi w'amareresi

bus driver

umudereva w' ibisi

taxi driver

umudereva w' itagisi

fisherman

umurovyi

cleaning lady

umuzezwanzukazi

roofer

sharupantiye

waiter

umukozi wo muburiro
n'ubunywero

hunter

umuhigi

painter

umufundi w' amarangi

baker

umuntu akora imikate

electrician

umufundi w' amatara

builder

umwubatsi

engineer

enjeniyeri

butcher

umuyangayanga

plumber

umufundi w' amazi

postman

umuparanto

soldier

umusoda

architect

umuntu acapa inyubako

cashier

umuntu yakira amahera

florist

umukozi ajejwe amashugwe

hairdresser

kimyozi

conductor

kontororeri

mechanic

umufundi w' imiduga

captain

umudereva w' ubwato

dentist

umuganga w' amenyo

scientist

umuhinga mu vya siyansi

rabbi

umuhinga mu bayahudi bita
rabi

imam

imame

monk

umuvugiramana

clergyman

umuvugiramana

tools
ibikoresho vy' ubwubatsi

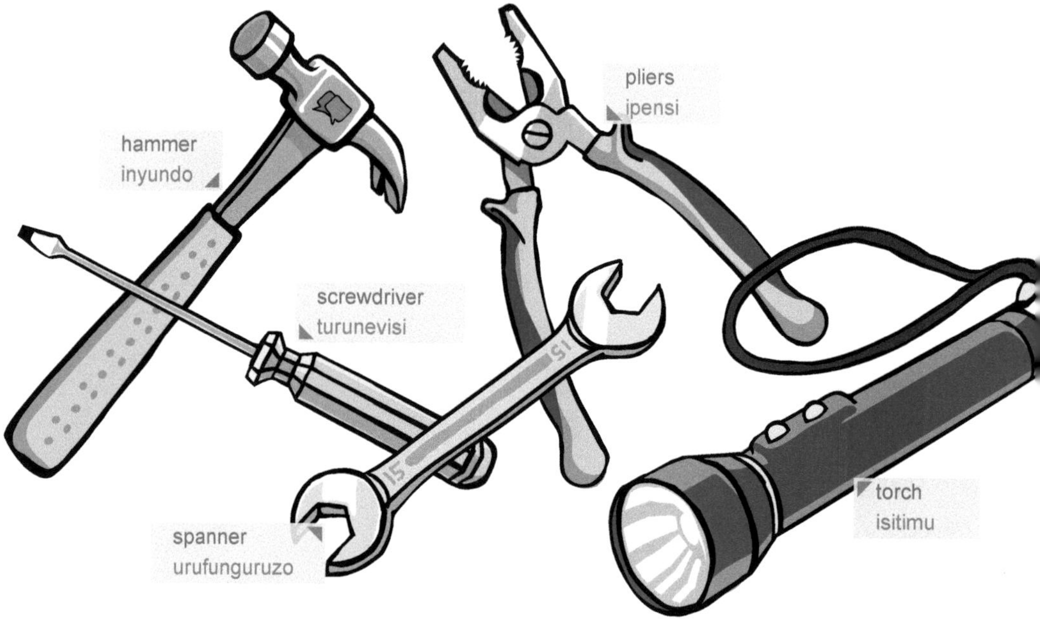

hammer
inyundo
pliers
ipensi
screwdriver
turunevisi
spanner
urufunguruzo
torch
isitimu

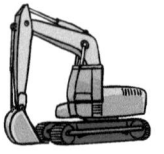

digger

tingatinga

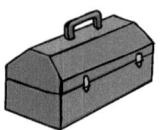

toolbox

isaho y' ibikoresho

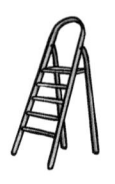

ladder

ingazi

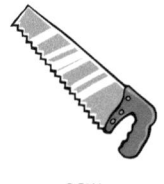

saw

umusumeno

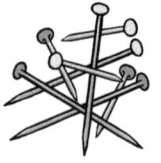

nails

imisumari

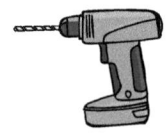

drill

icuma bita foreuse

repair

gukora

shovel

igipawa

Damn!

asyi!

dustpan

agaterura umucafu

paint pot

indobo y' irangi

screws

ivis

musical instruments
ivyuma vyo gucuraranga

loudspeaker
icuma bita Haut parleur

drum kit
icuma ca musika bita batterie

guitar
igitari

double bass
icuma ca musika bita contrebasse

trumpet
icuma ca musika bita trompette

piano

icuma ca musika bita piano

violin

icuma ca musika bita violon

bass

gitare icuranga Bass

timpani

icuma ca musika bita timbale

drums

ingoma

keyboard

icuma ca musika bita piano electrique

saxophone

icuma ca musika bita saxophone

flute

umwirongi

microphone

mikoro

zoo

iratiro ry' ibikoko

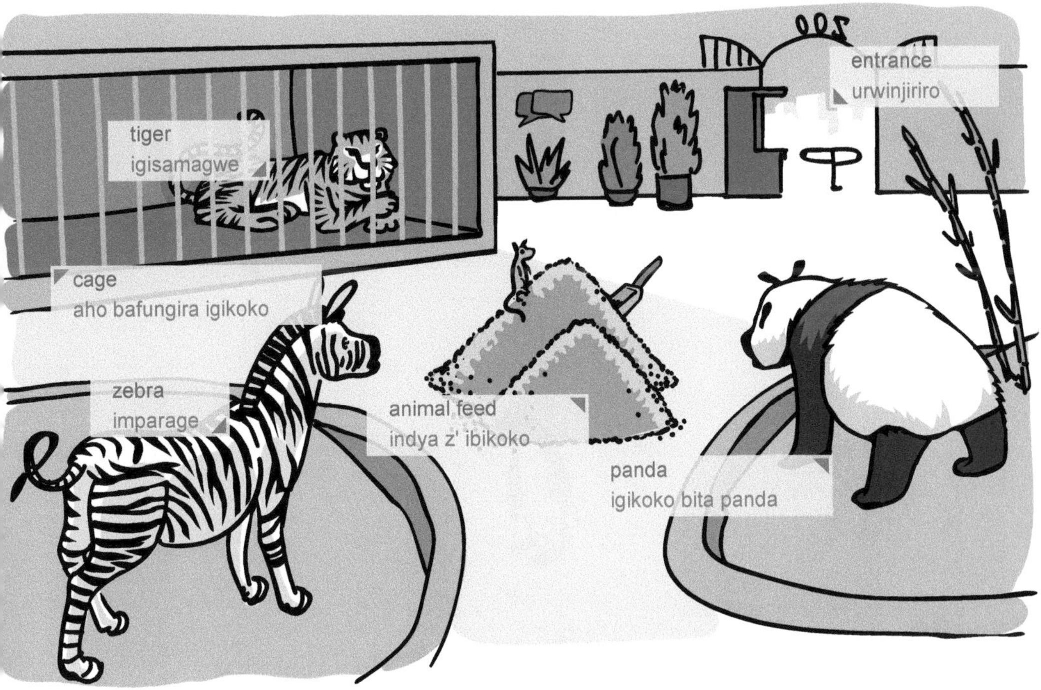

zoo
entrance
urwinjiriro
tiger
igisamagwe
cage
aho bafungira igikoko
zebra
imparage
animal feed
indya z' ibikoko
panda
igikoko bita panda

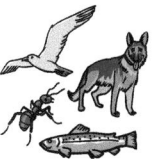

animals
ibikoko

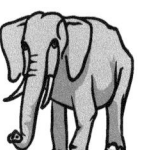

elephant
inzovu

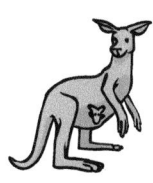

kangaroo
Kanguru

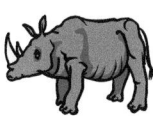

rhino
igikoko bita Rhynoceros

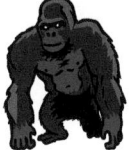

gorilla
inguge

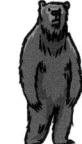

bear
igikoko bita ours

camel

ingamiya

ostrich

inyoni bita autriche

lion

intare

monkey

inkende

flamingo

inyoni bita flamant rose

parrot

gasuku

polar bear

igikoko bita ours blanc

penguin

inyoni bita pinguin

shark

ifi bita requin

peacock

inyoni bita paon

snake

inzoka

crocodile

ingona

zookeeper

umurinzi w' iratiro ry' ibikoko

seal

igikoko bita phoque

jaguar

igikoko bita jaguar

pony

ubwoko bw' ifarasi bita pony

leopard

ingwe

hippo

imvubu

giraffe

umusumbarembo

eagle

agaca

boar

ingurube y' ishamba

fish

ifi

turtle

akanyamasyo

walrus

igikoko bita morse

fox

imbwebwe

gazelle

ingeregere

American football
urukino rwa football yo muri amerika

cycling
ugusiganwa ku makinga

tennis
urukino rwa tennis

basketball
urukino rwa basketball

swimming
koga

boxing
urukino rw' ingumu

ice hockey
urukino rwa ice-hockey

football
umupira w'amaguru

badminton
urukino rwa badminton

athletics
ubunonotsi

handball
urukino rwa handball

skiing
urukino rwa ski

polo
urukino rwa Polo

activities
imirimo

jump
gusimba
hug
kugumbirana
laugh
gutwenga
walk
kugenda
sing
kuririmba
dream
kurota
pray
gusenga
kiss
gusoma

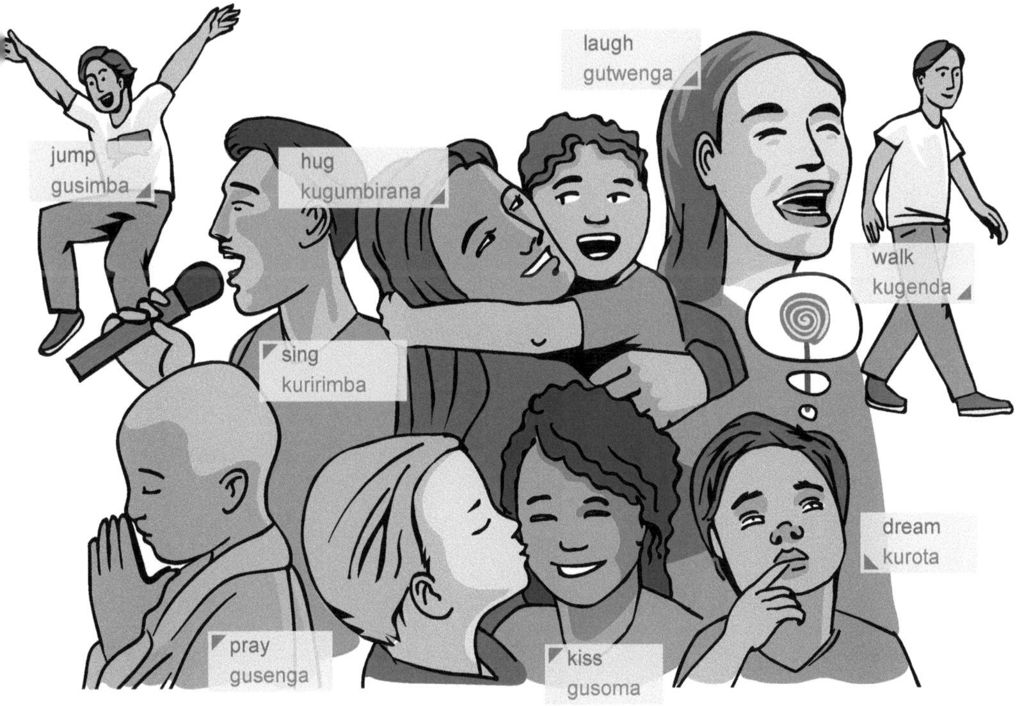

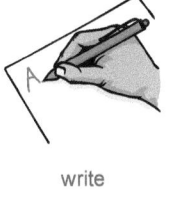

write
kwandika

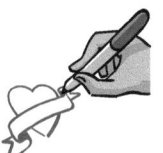

draw
gucapa

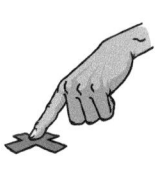

show
kwereka

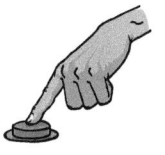

push
gusuguma

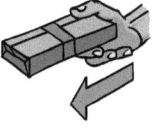

give
gutanga

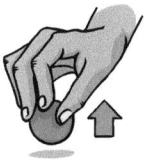

take
gutora

have
kugira

do
kugira

be
kuba

stand
guhagarara

run
kwiruka

pull
gukwega

throw
guta

fall
gutemba

lie
kurambarara hasi

wait
kurindira

carry
gutwara

sit
kwicara

get dressed
kwambara

sleep
kuryama

wake up
kuvyuka

look at

kuraba

cry

kurira

stroke

kwagaza

comb

gusokoza

talk

kuvuga

understand

gutahura

ask

kubaza

listen

kumviriza

drink

kunywa

eat

gufungura

tidy up

gutondeka

love

gukunda

cook

guteka

drive

gutwara

fly

kuguruka

sail

kugira siporo bita voile

calculate

guharura

read

gusoma

learn

kwiga

work

gukora

marry

kurongora

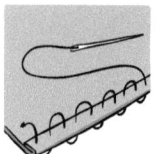

sew

gushona

brush teeth

kwijigitura

kill

kwica

smoke

kunywa itabi

send

kurungika

family

umuryango

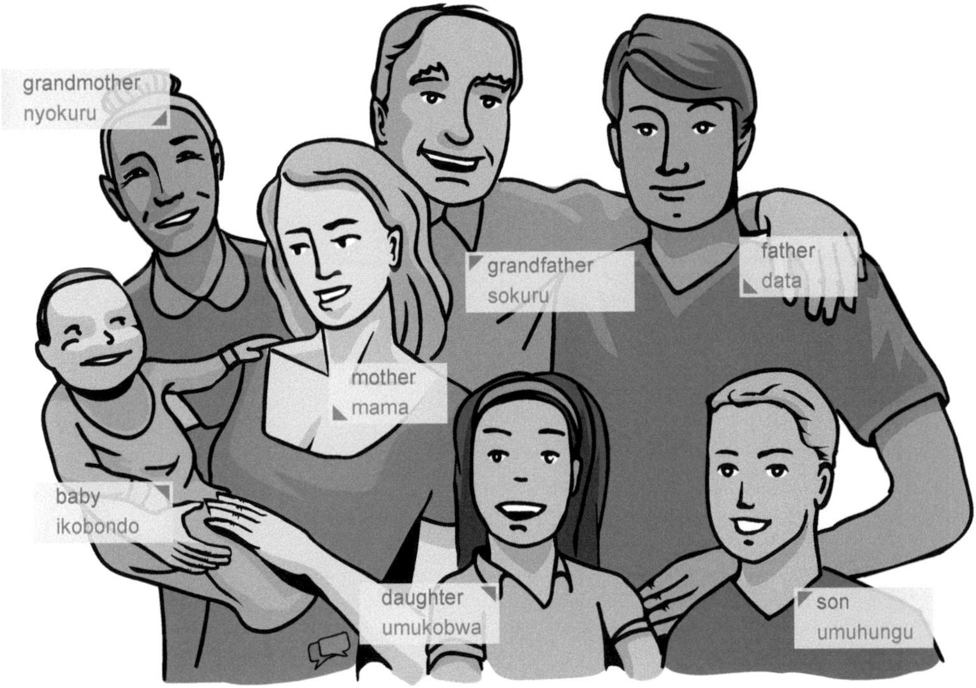

grandmother
nyokuru
grandfather
sokuru
father
data
mother
mama
baby
ikobondo
daughter
umukobwa
son
umuhungu

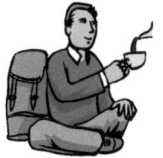

guest

umushitsi

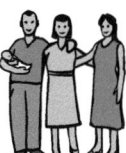

aunt

masenge

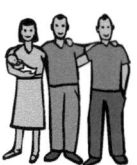

uncle

marume

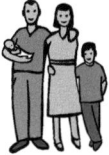

brother

musaza w' umuntu

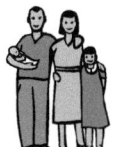

sister

mushiki w' umuntu

body

umubiri

forehead
agahanga
eye
ijisho
face
isura
chin
agasakanwa
breast
agatuntu
finger
urutoki
hand
ikiganza
arm
ukuboko
shoulder
urutugu
leg
ukuguru

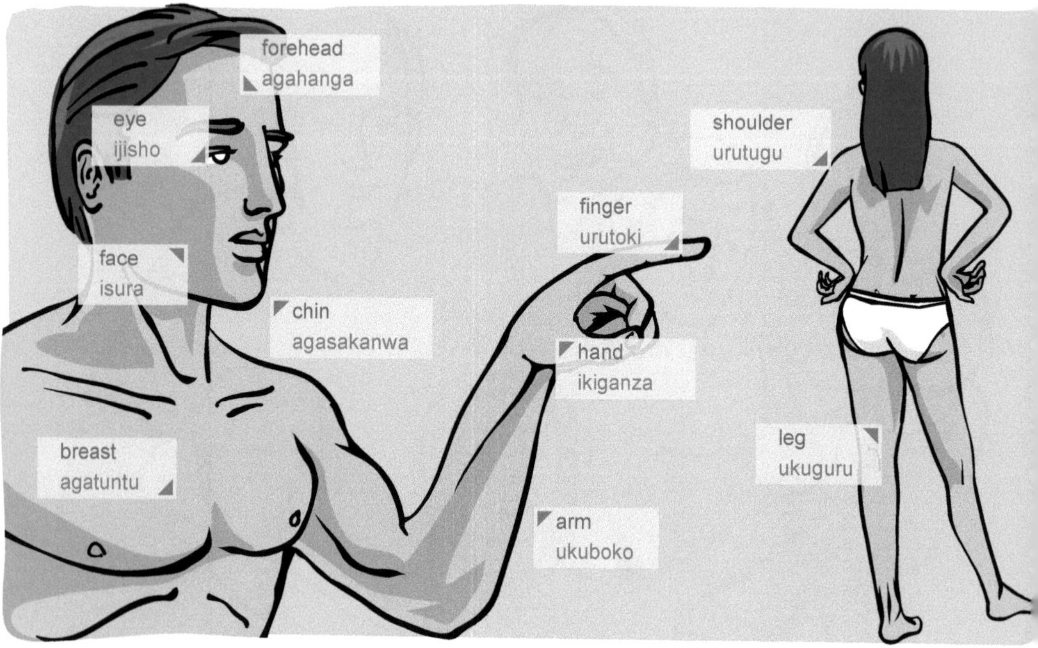

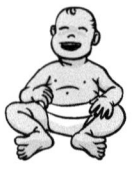

baby

ikobondo

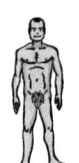

man

umugabo

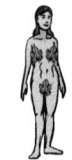

woman

umugore

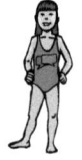

girl

umwigeme

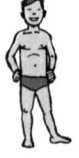

boy

umuhungu

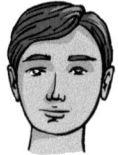

head

umutwe

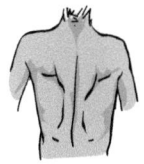

back

umugongo

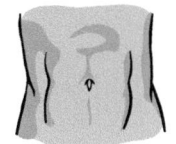

belly

inda

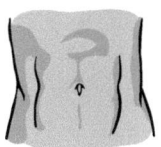

belly button

umukondo

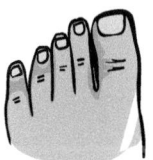

toe

ino

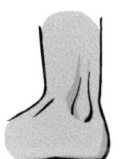

heel

agatsintsiri

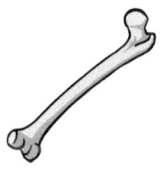

bone

igufa

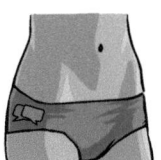

hip

ku mafyigo

knee

ivi

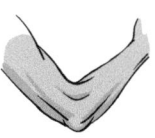

elbow

inkokora

nose

izuru

bottom

igisusu

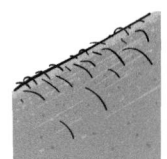

skin

urukoba

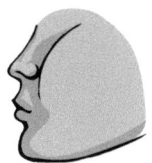

cheek

itama

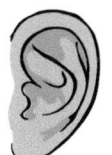

ear

ugutwi

lip

umunwa

mouth

umunwa

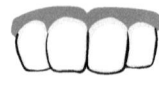

tooth

iryinyo

tongue

ururimi

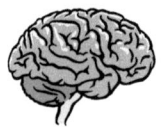

brain

ubwonko

heart

umutima

muscle

umutsi

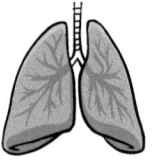

lung

ihaha

liver

igitigu

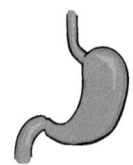

stomach

umushishito

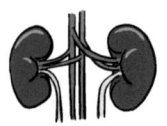

kidneys

amafyigo

sex

kurangura amabanga
y'abubatse

condom

agapfuko

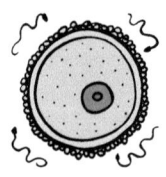

ovum

imbuto y' umugore

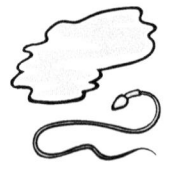

semen

imbuto y'umugabo

pregnancy

imbanyi

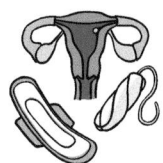

menstruation

kuja mu kwezi

vagina

igituba

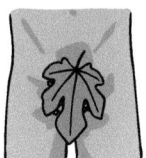

penis

imboro

eyebrow

ingohe

hair

umushatsi

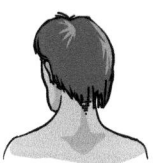

neck

izosi

hospital
ibitaro

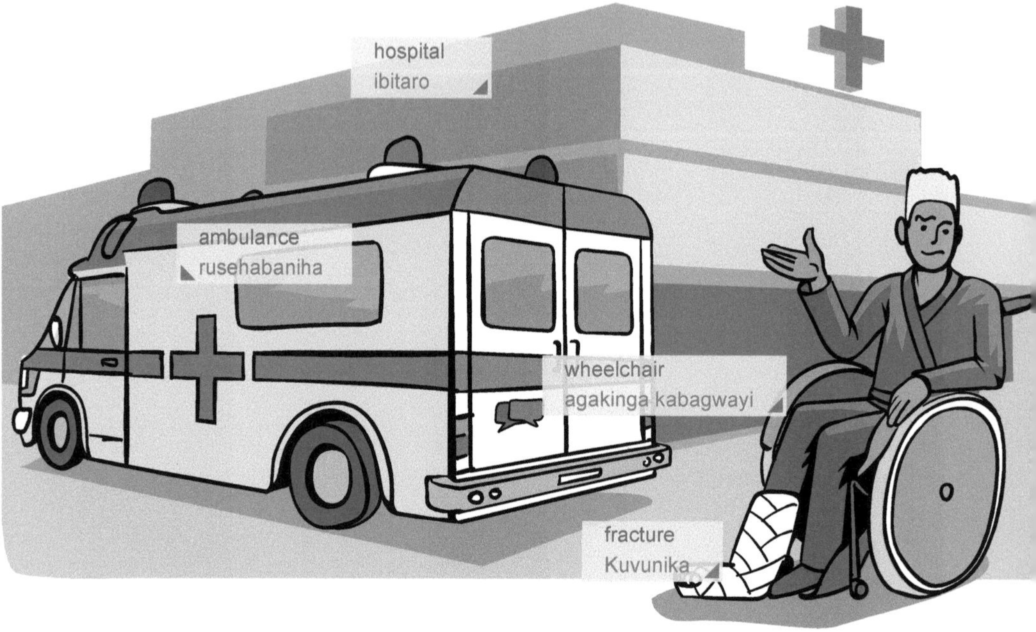

hospital
ibitaro
ambulance
rusehabaniha
wheelchair
agakinga kabagwayi
fracture
Kuvunika

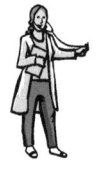

doctor

umuganga

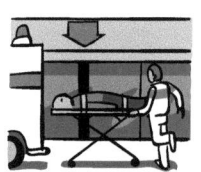

emergency room

mundembe

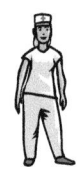

nurse

umuforomokazi

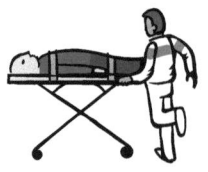

emergency

irijanse

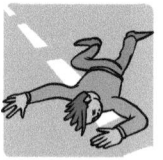

unconscious

guta ubwenge

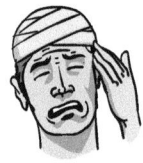

pain

ububabare

injury
igikomere

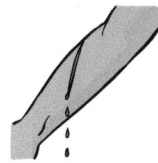
bleeding
kuva amaraso

heart attack
uguhagarara k' umutima

stroke
kuvira indani

allergy
guhurirwa

cough
inkorora

fever
ubushuhe bw'umubiri

flu
giripe

diarrhoea
gucibwamwo

headache
kumeneka umutwe

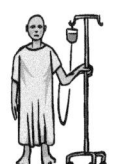
cancer
Kanseri

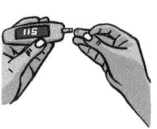
diabetes
Diyabeti

surgeon
muganga ajejwe kubaga

scalpel
akuma ka muganga ubaga

operation
kubagwa

CT

sikaneri

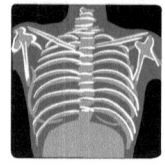

x-ray

radiyografi

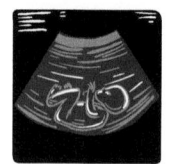

ultrasound

ekografi

face mask

masike

disease

indwara

waiting room

aho kurindirira

crutch

icishimikizo

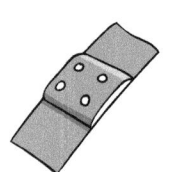

plaster

gufuka igikomere

bandage

gufuka igikomere

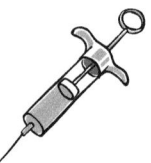

injection

gutera urushinge

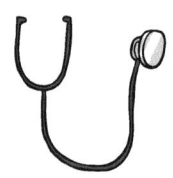

stethoscope

icuma cumviriza amahaha
n'umutima

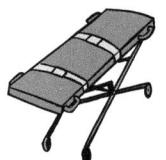

stretcher

ingovyi

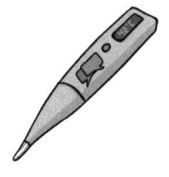

clinical thermometer

igipima umuriro w' umubiri

birth

kuvuka

overweight

umuvyibuho urengeje

hearing aid

igifasha umuntu kumva neza

disinfectant

imiti y' ibikomere

infection

kwandura

virus

umugera

HIV / AIDS

umugera wa sida

medicine

ubuvuzi

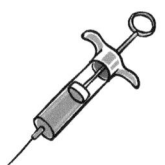

vaccination

guhabwa urucanco

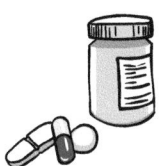

tablets

ibinini

pill

ikinini mbonezamvyaro

emergency call

telefone itabaza

blood pressure monitor

igipima umuvuduko w' amaraso

ill / healthy

arwaye / akomeye

alarm

ikengere

assault

igitero

Help!

muntabare!

attack

igitero

danger

ibihe bikomeye

emergency exit

icanzo

fire extinguisher

ikizimyamwoto

accident

isanganya

Fire!

umuriro!

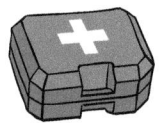

first-aid kit

isanduku y' ubutabazi

SOS

ubutabazi

police

igipolisi

Europe

Buraya

North America

Uburaruko bw' amerika

South America

Ubumanuko bw' amerika

Africa

Afurika

Asia

Aziya

Australia

Ositarariya

Atlantic

ibahari y' Antalantika

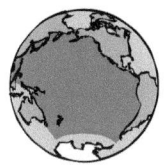

Pacific

ibahari ya Pasifika

Indian Ocean

ibahari y' Ubuhinde

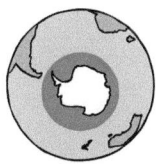

Antarctic Ocean

ibahari y' Antaragitika

Arctic Ocean

ibahari y' Aragitika

North Pole

Uburaruko bw' umubumbe
w' isi

South Pole

Ubumanuko bw' umubumbe
w' isi

Antarctica

antaragitika

Earth

isi

land

isi

sea

ibahari

island

izinga

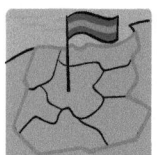

nation

igihugu

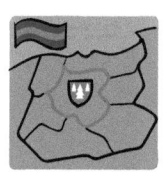

state

reta

clock face

aho barabira isaha

hour hand

urushinge rw' amasaha

minute hand

urushinge rw' iminota

second hand

urushinge rw' amasegonda

What time is it?

ni gihe ki?

day

umunsi

time

igihe

now

ubu nyene

digital watch

isaha ya electronique

minute

umunota

hour

isaha

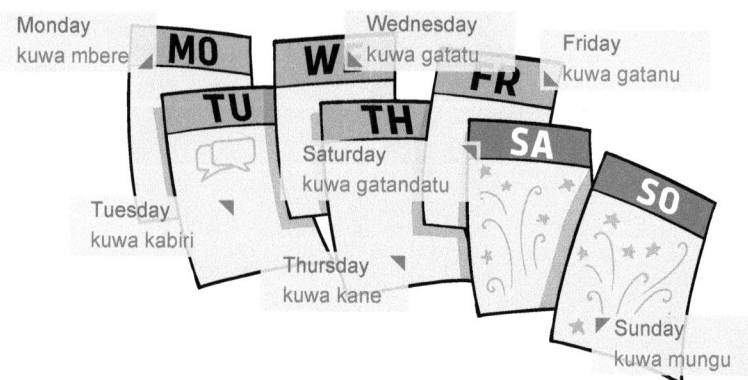

Monday
kuwa mbere

Wednesday
kuwa gatatu

Friday
kuwa gatanu

Tuesday
kuwa kabiri

Saturday
kuwa gatandatu

Thursday
kuwa kane

Sunday
kuwa mungu

yesterday

ejo haheze

today

ubunyene

tomorrow

ejo hazoza

morning

mu gatondo

noon

sasita

evening

ku mugoroba

business days

iminsi y' ibikorwa

weekend

weekende

year

umwaka

rain
imvura
wind
umuyaga
snow
urubura
spring
igihe c' umwaka bita printemps
autumn
igihe c' umwaka bita Automne
summer
ici
winter
igihe c' umwaka bita hiver

4.APRIL 11°
5.APRIL 4°
6.APRIL 13°
7.APRIL 8°
8.APRIL 10°

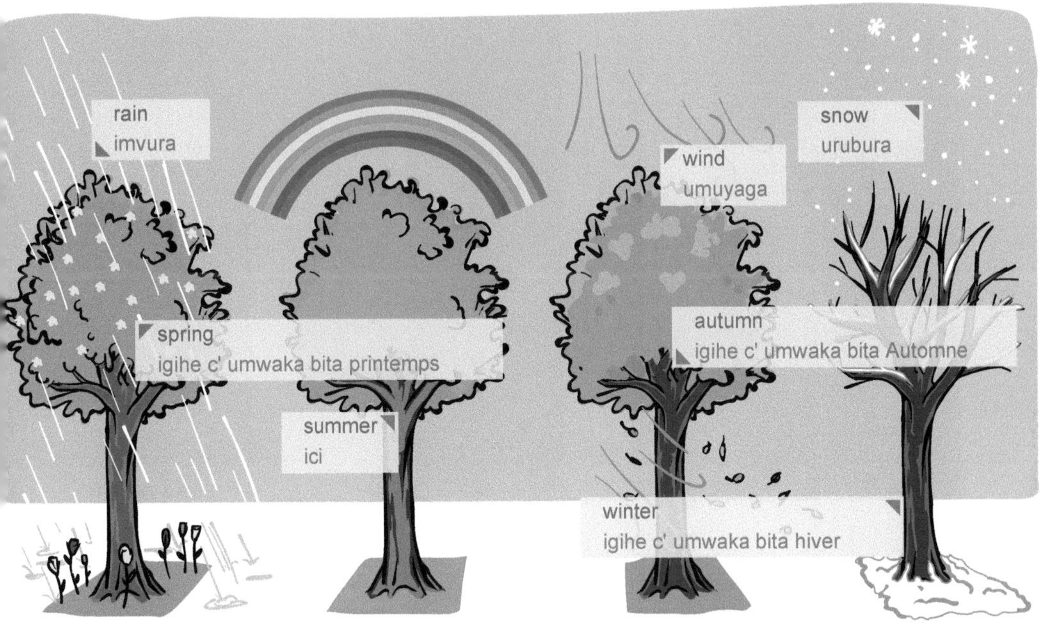

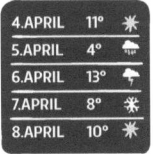

weather forecast

ikirangabihe

F
C
120
90
60
30
0
-30
40
30
20
10
0
-10
-20

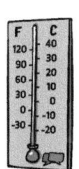

thermometer

igipima ubushuhe bw' umubiri

sunshine

ubuseruko bw' izuba

cloud

igicu

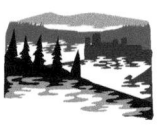

fog

igipfungu

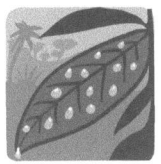

humidity

ifira

lightning

umuravyo

thunder

inkuba

storm

igihuhusi

hail

urubura

monsoon

igihuhusi bita mousson

flood

umwuzure

ice

ibarafu

January

nzero

February

ruhuhuma

March

ntwarante

April

ndamukiza

May

rusama

June

ruhenshi

July

mukakaro

August

myandagaro

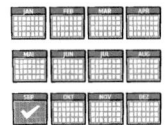

September
....
nyakanga

October
....
gitugutu

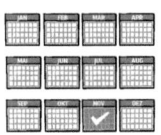

November
....
munyonyo

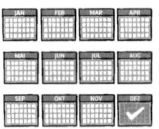

December
....
migarama

shapes

forume geometrike

circle
....
umuzingi

square
....
ikwadarato

rectangle
....
urikiramende

triangle
....
inyabutatu

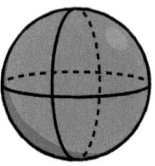

sphere
....
umubumbe

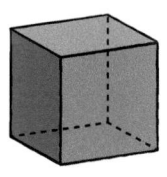

cube
....
agasandugu

white
....
ibara ryera

yellow
....
ibara ry' umuhondo

orange
....
ibara risa n' umucungwe

pink
....
ibara rya rose

red
....
ibara ritukura

purple
....
ibara rya mauve

blue
....
ibara ry' ubururu

green
....
ibara ry'icatsi kibisi

brown
....
ibara ry' igihogo

grey
....
ibara rya gris

black
....
ibara ryirabura

a lot / a little

vyinshi / bikeyi

angry / calm

washavuye / utekereje

beautiful / ugly

mwiza / mubi

beginning / end

intanguriro / iherezo

big / small

kinini / gitoyi

bright / dark

gikeye / cijimye

brother / sister

musaza w' umuntu / mushiki
w' umuntu

clean / dirty

gisukuye / gicafuye

complete / incomplete

gikwiye / gicagatiye

day / night

umunsi / ijoro

dead / alive

wapfuye / ariho

wide / narrow

cagutse / caga

edible / inedible

kiryoshe / kibishe

evil / kind

umutima mubi / umutima
mwiza

excited / bored

anezerewe / arambiwe

fat / thin

kivyibushe / conze

first / last

cambere / canyuma

friend / enemy

umugenzi / umwansi

full / empty

cuzuye / kiri gusa

hard / soft

kigumye / coroshe

heavy / light

kiremereye / gihwahutse

hunger / thirst

inzara / inyota

ill / healthy

arwaye / akomeye

illegal / legal

cemewe n'amategeko /
kitemewe n'amategeko

intelligent / stupid

incabwenge / ikijuju

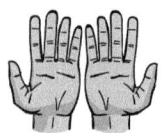

left / right

ibubamfu / iburyo

near / far

hafi / kure

new / used

gishasha / gishaje

nothing / something

ntaco / kiriho

old / young

umutama / urwaruka

on / off

kwatsa / kuzimya

open / closed

kugurura / kugara

quiet / loud

gitekereje / gifise urwamo

rich / poor

umutunzi / umukene

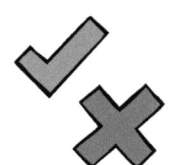

right / wrong

nivyo / sivyo

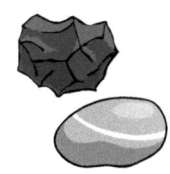

rough / smooth

kigoramye / kigororotse

sad / happy

ashavuye / anezerewe

short / long

kigufi / kirekire

slow / fast

kigenda bukebuke / kinyaruka

wet / dry

gitose / cumye

warm / cool

gishushe buhoro / gikanye buhoro

war / peace

intambara / amahoro

0	**1**	**2**
zero	one	two
ubusa	rimwe	kabiri

3	**4**	**5**
three	four	five
gatatu	kane	gatanu

6	**7**	**8**
six	seven	eight
gatandatu	indwi	umunani

9	**10**	**11**
nine	ten	eleven
icenda	cumi	cumi na rimwe

12

twelve

cumi na kabiri

13

thirteen

cumi na gatatu

14

fourteen

cumi na kane

15

fifteen

cumi na gatanu

16

sixteen

cumi na gatandatu

17

seventeen

cumi n' indwi

18

eighteen

cumi n' umunani

19

nineteen

cumi n' icenda

20

twenty

mirongo ibiri

100

hundred

ijana

1.000

thousand

igihumbi

1.000.000

million

umuriyoni

English

Icongereza

American English

Icongereza co muri Amerika

Chinese Mandarin

Mandare kivugwa mu bushinwa

Hindi

Igihinde

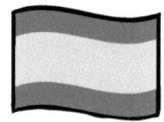

Spanish

Ikispaniya

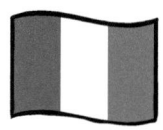

French

Igifaransa

Arabic

Icarabu

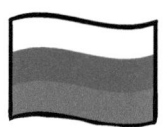

Russian

Ikirusiya

Portuguese

Igiporitigare

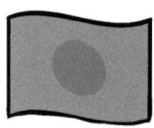

Bengali

Ikibengare

German

Ikidage

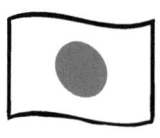

Japanese

Ikiyapani

I

jewe

you

wewe

he / she / it

we / we / co

we

twebwe

you

mwebwe

they

bo

who?

inde?

what?

iki?

how?

gute?

where?

hehe?

when?

ryari?

name

izina

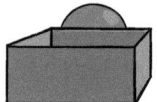

behind

inyuma ya

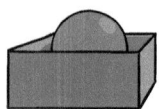

in

indani ya

in front of

imbere ya

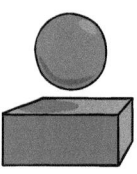

over

hejuru ya

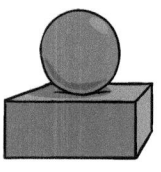

on

ku

under

munsi ya

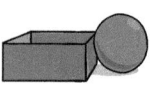

beside

mu mbavu ya

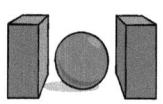

between

hagati ya

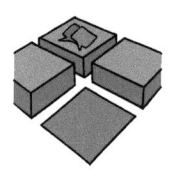

place

ikibanza